Tom y Sofía Empiezan la Escuela

Tom and Sofia start School

Henriette Barkow

Priscilla Lamont

Spanish translation by Marta Belén Sáez-Cabero

Tom   Mi nueva profesora vino a mi casa. Se llama señorita Ross. Sacó una foto de mí y de mi Mamá. Luego hice un dibujo para ella. La señorita Ross dijo que mi dibujo estaría en la pared de la clase cuando empezara la escuela.

Tom   My new teacher came to my home. Her name is Miss Ross. She took a photo of me and my mum. Then I did a drawing for her. Miss Ross said that my picture will be on the classroom wall when I start school.

Sofía   Mamá nos llevó a mí y a Anna de compras. Dijo que teníamos que comprar ropa especial para la escuela. Me compró unas zapatillas de gimnasia para Educación Física y unos calcetines nuevos. A Anna le compró unos zapatos nuevos porque los necesitaba. Anna dijo que la escuela es genial.

Sofia   Mum took me and Anna shopping. She said we had to get special clothes for school. I got plimsolls for PE and new socks. Anna got new shoes 'cause she needed them. Anna said school is cool.

The night before

Sofía   Anna dijo que mi profesora, la señorita Ross, es *en-can-ta-do-ra*.
         Preparo mi ropa para estar lista rápidamente por la mañana.
         Mamá dijo que no deberíamos llegar tarde.

Sofia   Anna said that my teacher Miss Ross is *love-e-ly*.
         I put out all my clothes so I can get ready quickly in the morning.
         Mum said we mustn't be late.

Tom   Ted no quiere ir a la escuela. Le dije a Mamá que Ted cree que se perderá. Mamá dijo que Ted estaría bien. Dijo que Ted conocería a mucha gente como Sofía, Anna y yo. Le dije a Ted que yo cuidaría de él.

Tom   Ted doesn't want to go to school. I told Mum that Ted thinks he'll get lost. Mum said Ted will be OK. She said Ted will know lots of people like Sofia and Anna and me. I told Ted I'll look after him.

The BIG day

Tom Papá va a llevarnos a mí y a Ted a la escuela. Papá dijo que podía recordar su primer día de escuela. ¿Cómo puede recordar algo que pasó hace tantísimos años?

Tom Dad is taking me and Ted to school. Dad said he can remember his first school day. How can he remember something that happened years and years and years ago?

Sofía   Estoy preparada para marchar pero Anna todavía no lo está. Está atándose los cordones pero yo quiero marchar ya. No quiero llegar tarde. Mamá dijo: "Date prisa, Anna". Date prisa, Anna. ¡Quiero marchar YA!

Sofia   I'm ready to go and Anna is not. She is doing her laces but I want to go now. I don't want to be late. Mum said hurry up Anna. Hurry up Anna, I want to go NOW!

On the way to school

Sofía Mamá abrió la puerta y Anna y yo bajamos las escaleras corriendo.
       Al pie de las escaleras vimos a Tom y a su papá.

Sofia Mum opened the door and Anna and me raced down the stairs.
       At the bottom we saw Tom and his Dad.

Tom   Sofía, Anna y su mamá, Ted, Papá y yo fuimos andando juntos a la escuela.
        Yo iba cogido de la mano de Papá. Anna dijo que la escuela es genial.

Tom

        Sofia and Anna, and their mum and me, and Dad and Ted walked
        all the way to school. I held Dad's hand. Anna said school is cool.

The school

Tom   Cuando llegamos a la escuela había una mujer esperando.
Me preguntó mi nombre. Le dije que me llamaba Tom.
Dijo que ella era la señora Plum.
Ted se escondió en mi bolsillo.

Tom   When we got to school there was a woman waiting.
She asked my name. I said Tom. She said her name
was Mrs Plum.
Ted hid in my pocket.

Sofía   Cuando llegamos a la escuela la directora estaba esperando.
Vino a saludar a todos los niños nuevos.
Anna dijo que hace esto para que nos sintamos bienvenidos.

Sofia   When we got to school the head teacher was waiting.
She came to say hello to all the new children.
Anna said she does it to make us feel welcome.

Our class

Sofía   Mamá me llevó a nuestra clase. La señorita Ross estaba
         allí. Y un adulto que se llama Jim. Me asignaron una
         percha para mi abrigo y mi bolsa de Educación Física.
         Mamá se despidió. Dijo adiós con la mano mientras
         salía por la puerta.

Sofia   Mum took me to our class. Miss Ross was there. And a grown-up
         called Jim. I got my own peg. That's for my coat and PE bag.
         Mum said bye. She waved as she went out of the door.

Tom   Papá me llevó a nuestra clase. Le enseñé a Papá mi dibujo. Le dije a Papá que Ted estaba preocupado. Papá dijo que Ted estaría bien porque Ted me tenía a mí. Y yo tenía a Ted. Papá me dio un abrazo. Dijo: "Hasta luego". Yo dije: "Adiós".

Tom   Dad took me to our class. I showed Dad my picture. I told Dad Ted was worried. Dad said Ted would be OK because Ted had me. And I had Ted. Dad gave me a hug. He said see you later. I said bye.

First lesson

Tom   La señorita Ross pasó lista. Dijo que todos
los días pasaría lista. Dijo que tenemos que
decir "sí" cuando diga nuestro nombre.

Tom   Miss Ross called the register. She said
every day she will call the register.
She said we have to say yes when
she calls our name.

Sofía   La señorita Ross dijo que teníamos muchas tareas que hacer. Dijo que hacer tareas es divertido. Nuestra primera tarea fue jugar a los nombres. Yo sé montones de nombres. Zara es mi amiga.

Sofia   Miss Ross said we had lots of jobs to do. She said doing jobs is fun. Our first job was to play the name game. I know lots of names. Zara is my friend.

Morning break

Sofía   La señorita Ross dijo que ahora había un descanso. No salimos a jugar. Bebemos agua y comemos fruta. Me senté al lado de Zara y Lili.

Sofia   Miss Ross said now it's break time. We don't go out to play. We get a drink of water and fruit. I sat next to Zara and Lili.

Tom   Durante el descanso podemos ir al servicio. La señorita Ross dijo: "¡LAVAOS LAS MANOS!" La señorita Ross dijo que nos acordáramos de CERRAR LOS GRIFOS.

Tom   At break time we can go to the toilet. Miss Ross said WASH YOUR HANDS. Miss Ross said remember to TURN OFF THE TAPS.

Tom   Sean se sentó a mi lado. Espero caerle bien a Sean. "¡Hola!", dijo Sean. Dijo que le gustaba mi dibujo.

Tom   Sean sat next to me. I hope he likes me. "Hello!" said Sean. He said he liked my picture.

Sofía   La señorita Ross tomó nuestros dibujos y los puso en la pared. Luego coloreé una tarjeta con mi nombre en ella para ponerla en mi cajón.

Sofia   Miss Ross took our pictures and put them on the wall. Then I coloured a card with my name on, to put on my drawer.

Lunch time

Sofía   Sonó una campana. ¡Hizo MUCHO ruido! Tuvimos que lavarnos las manos y formar una fila. Zara me cogió de la mano. Ella come el almuerzo que preparan en el colegio, como yo.

Sofia   A bell rang. It made a BIG noise! We had to wash our hands and line up. Zara held my hand. She has school dinners like me.

Tom   Sean trae la comida de casa, como yo. Agarramos nuestras fiambreras
y fuimos al GRAN comedor. Había muchísimo RUIDO. Nos sentamos
en unas mesas alargadas. Yo tomé queso, pan, una manzana y zumo.

Tom   Sean has packed lunch like me. We got our lunch boxes. We went to the BIG hall. It was
very NOISY. We sat at long tables. I had cheese and bread and an apple and juice.

Playtime

Tom   Sean, Leo, Adi y yo jugamos al corre que te pillo. El banco
       era la casa. Ted se escondió en mi bolsillo.

Tom   Sean and Leo and Adi and me played tag. The bench was home.
       Ted hid in my pocket.

Sofía   Zara, Lili y yo jugamos a la comba. Lili se cayó y se hizo daño
         en la rodilla. Le pusieron una tirita. Lili dijo que no dolía.
         Lili es muy valiente.

Sofia   Zara and Lili and me played skipping. Lili fell over and hurt her knee.
         It needed a plaster. Lili said it doesn't hurt. Lili is very brave.

Story time

Sofía   Todos nos sentamos en la moqueta. La señorita nos leyó
una historia en un libro GRANDE.

Sofia   We all sat on the carpet. Miss read us a story from a BIG book.

Tom   Cuando se acabó la historia, aprendimos un juego de tocar palmas que era una canción para ir a casa.

Tom   At the end of the story we played a clapping game. We learnt a going home rhyme.

Packing up time

Tom   "Es hora de ir a casa", dijo la señorita Ross. Pusimos todas nuestras cosas en nuestros cajones. Adi tiene el cajón de arriba. Luego tuvimos que formar una fila.

Tom   Miss Ross said, home time. We put all our things in our drawers. Adi has the top drawer. Then we had to line up.

Sofía — "Hora de coger los abrigos", dijo la señorita Ross. Corrimos hacia nuestras perchas. La señorita Ross dijo: "¡NO CORRÁIS por el pasillo!" Parecía enfadada. Volvimos a la clase caminando.

Sofia — Miss Ross said, time to get your coats. We ran to our pegs. Miss Ross said, NO RUNNING in the corridor! She looked cross. We walked back to class.

Home time

Sofía   Mamá y Ann vinieron a mi clase. Les enseñé
        el cuadro que había pintado. La señorita Ross
        y Jim dijeron adiós. Yo les dije adiós a Zara
        y a Lili.

Sofia   Mum and Anna came to my class. I showed
        them my picture I painted. Miss Ross and
        Jim said bye. I said bye to Zara and Lili.

Tom   A la hora de ir a casa Mamá y Papá vinieron a la clase. Tenía TANTO que contarles sobre Sean, Leo y Adi y todas las tareas que había tenido que hacer. ¡Papá dijo que ahora ya era un niño mayor!

Tom   At home time Mum and Dad came to the classroom. I had sooo much to tell about Sean and Leo and Adi and all the jobs I had to do. Dad said I was a big schoolboy now!

Tom   Hice muchos amigos. Sean es mi amigo. Y Adi y Leo. Sean es el mejor amigo que tengo en la escuela. Ted es el mejor amigo que tengo en casa. A Ted le gusta la escuela. Quiere ir otra vez.

Tom   I made lots of friends. Sean is my friend. And Adi and Leo. Sean is my best school friend. Ted is my best home friend. Ted likes school. He wants to go again.

Sofía — Anna, Mamá y yo comimos un pastel. Anna tenía deberes. Yo no tengo deberes. Mamá dijo que Zara podía venir a casa después de clase el viernes. Anna tenía razón: la escuela es genial.

Sofia — Anna and Mum and me had cake. Anna had homework. I don't have homework. Mum said Zara can come after school on Friday. Anna was right – school is cool.

If you have found this book helpful, there are three more titles in the series that you may wish to try:

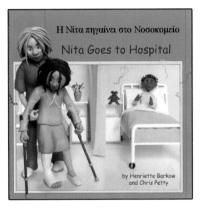

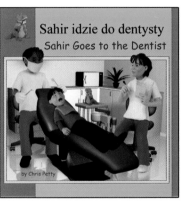

Nita Goes to Hospital

Sahir Goes to the Dentist

Abi Goes to the Doctor

You might like to make your own car, furnish your own house or try out some clothes in the "My...series" CD Rom

My House

My Car

My Clothes

You may wish to welcome parents and carers in 18 languages with the Welcome Booklet CD Rom Series where you can publish key information about your school - photos, policies, procedures and people:

Welcome Booklet to My School

Welcome Booklet to My Nursery

All About Me!

First published in 2006 by Mantra Lingua Ltd
Global House, 303 Ballards Lane
London N12 8NP
www.mantralingua.com

A CIP record for this book is available from the British Library